Les princesses

W0323886

Texte de Stéphanie Ledu
Illustrations de Candela Ferrández

MILAN

Sorcières, dragons, ogres, loups, fées…
Ces **personnages fantastiques**
appartiennent aux **contes**.

« Il était une fois... » C'est souvent ainsi que débutent ces récits imaginaires, où l'on croise aussi des **princesses**.

Qui est cette demoiselle ?
La **fille d'un roi et d'une reine**.

Élevée dans un superbe palais, elle grandit heureuse et possède toutes les **qualités** : belle, aimable, loyale et généreuse… Dans les histoires, la princesse est parfaite.

Et pourtant… finie la belle vie : dans un conte, il y a toujours des **épreuves** à surmonter !

Pour échapper à sa méchante belle-mère, **Blanche-Neige** doit fuir dans la forêt.

Babiole est changée en guenon par la fée Fanferluche.

Un sort condamne **Aurore** à tomber
dans un profond sommeil durant un siècle…

La princesse **Méline** est enfermée
dans une tour par son père
pendant sept ans.

Quel que soit le **pays** de leurs aventures, les princesses sont confrontées à de grands **malheurs** !

Celles-ci, héroïnes d'un conte norvégien, sont retenues prisonnières par un vilain **troll** à plusieurs têtes, et doivent chercher des poux dans ses cheveux.

Dans un récit du Danemark, Élisa doit broder en silence des **manteaux d'ortie** à ses onze frères transformés en cygnes, pour qu'ils reprennent forme humaine.

Cette princesse japonaise, elle, a la tête coincée dans un grand **bol de bois** que personne ne peut lui retirer.

Chassée par sa famille, elle est recueillie par un seigneur qui lui confie la tâche de préparer chaque soir son bain de pieds.

Qui va rompre le charme et la délivrer ?

Sans doute un **prince** ! À la dernière page, il sauve la princesse, ou la réveille en lui donnant un baiser.

Mais pourquoi le prince des contes est-il le plus fort ?
Peut-être parce que ces histoires ont été écrites il y a très longtemps, lorsque les filles n'avaient que le droit d'être sages !

Toutes les princesses n'attendent pourtant pas leur **prince charmant** : certaines sont des **guerrières**.

Léonore prend la place de son frère dans l'armée du roi sous le nom de **Marmoisan** et fait l'admiration des soldats tant elle manie bien l'épée.

Khutulun, princesse mongole, **refuse de se marier**. Elle déclare qu'elle n'épousera que celui qui la vaincra à la lutte. En cas de défaite, chaque prétendant devra lui donner cent chevaux.

La voici bientôt à la tête d'un troupeau de dix mille montures. Incroyable : cette princesse-là a **vraiment existé**, il y a environ huit cents ans !

Les princesses ne sont donc pas
que des personnages de contes...

Le public peut **visiter** les demeures historiques de celles qui ont réellement vécu. Magnifique !

De nos jours, dans les **familles royales**, naissent toujours des princesses. Tu veux savoir comment elles grandissent ?

Des **coups de canon** sont tirés pour annoncer la venue au monde du bébé. Quelques jours plus tard, la petite princesse est présentée à ses **sujets**.

Son **baptême**, dans une robe portée par tous les nouveau-nés de la famille, est un grand événement. Elle a au moins trois marraines et trois parrains, et reçoit des cadeaux du monde entier !

Plus tard, la princesse va à l'école.
Elle doit être incollable sur l'histoire
de son pays et parler plusieurs langues.

Son **titre** exige qu'elle se tienne correctement, qu'elle soit bien habillée, toujours polie, souriante et sportive.

Pas trop de place pour les bêtises !

Parce qu'elle est célèbre, des **photographes** et des **journalistes** suivent la princesse chaque jour.

Elle défend des **causes** qui la touchent : la lutte contre les inégalités, le soutien aux personnes malades, la protection de l'environnement... Bravo !

Mais la princesse doit aussi suivre plein de petites règles, l'**étiquette**.

Celle-ci n'a par exemple pas le **droit** de mettre du vernis à ongles coloré ou de quitter son manteau en public. Elle doit souvent porter un **chapeau**... mais pas de **diadème** pour elle : il est réservé aux femmes mariées.

Justement, c'est le grand jour ! Le **mariage** de la princesse est suivi à la télévision par des milliards de téléspectateurs.

Autrefois, c'étaient les parents de la princesse qui choisissaient son mari. Lui aussi devait être bien né ! Heureusement, de nos jours, la jeune femme épouse celui qu'elle aime, qu'il soit noble… ou non.

La vie des familles royales fait rêver
les gens dans le monde entier.
Tous nos vœux de bonheur,
Votre Altesse !

Les petites filles aiment les **histoires** de princesses. Habiter un **château**, porter de beaux **bijoux** et avoir pour amie une **licorne**, ce serait peut-être chouette.

Mais tu peux aussi t’imaginer astronaute, shérif ou super-héroïne… D’ailleurs, pour jouer au foot, cette robe à froufrous n’est pas très pratique. Et si on l’enlevait ?

mes p'tits docs

Découvre tous les titres
de la collection

- Le chantier
- Les chevaliers
- Chez le docteur
- Le cirque
- Les Cro-Magnon
- Les grands-parents
- Les maisons du monde
- La nuit
- La station de ski
- Voyage en avion
- Le handicap
- Les animaux de la banquise
- Les châteaux forts
- Les animaux de la savane
- La musique
- L'école maternelle
- Les camions
- Les Indiens
- Le pain
- Le jardin
- La mer
- L'hôpital
- À table !
- Paris
- La piscine
- Les bateaux
- La fête foraine
- Au bureau
- Le chocolat
- Le vétérinaire
- Les robots
- Le bricolage
- Les Jeux olympiques
- Londres
- Le camping
- Tout propre !
- Les loups
- Les trains
- Le cinéma
- Versailles
- Les abeilles
- Les lunettes
- Le judo

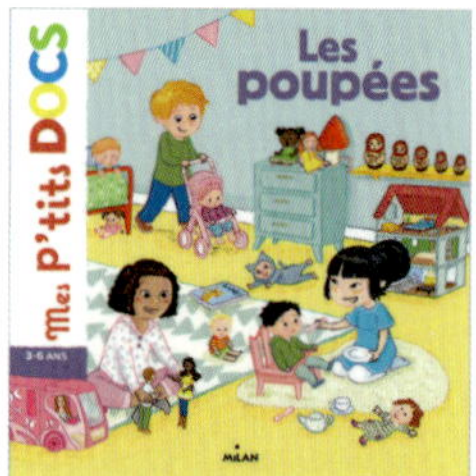